W0221933

Jeden Tag ein bisschen besser

DEUTSCH

Übungsdiktate

4. Schuljahr

Zusammengestellt von Maria Bley
Illustriert von Jule Pfeiffer

Cornelsen
SCRIPTOR

Maria Bley, die dieses Heft zusammengestellt hat, ist ausgebildete Deutschlehrerin und langjährige Redakteurin für Lernmaterialien.

Cornelsen online http://www.cornelsen.de

Gedruckt auf chlorfrei gebleichtem Papier
ohne Dioxinbelastung der Gewässer.

Bibliografische Information
Die Deutsche Bibliothek verzeichnet diese Publikation in der Deutschen Nationalbibliografie; detaillierte bibliografische Daten sind im Internet über **http://dnb.ddb.de** abrufbar.

Dieses Werk berücksichtigt die Regeln der reformierten Rechtschreibung und Zeichensetzung.

5.	4.	3.	2.	€	Die letzten Ziffern bezeichnen
06	05	04	03		Zahl und Jahr der Auflage.

© 2000 Cornelsen Verlag Scriptor GmbH & Co. KG, Berlin
Das Werk und seine Teile sind urheberrechtlich geschützt.
Jede Verwertung in anderen als den gesetzlich zugelassenen Fällen bedarf deshalb der vorherigen schriftlichen Einwilligung des Verlages.
Redaktion: Maria Bley, Vaterstetten
Typografie: Julia Walch, Bad Soden
Umschlagentwurf: Vera Bauer, Berlin,
unter Verwendung einer Illustration von Roland Beier, Berlin
Layout und Herstellung: Beate Schubert, Berlin
Druck und Bindung: Clausen & Bosse, Leck
Printed in Germany
ISBN 3-589-21375-2
Bestellnummer 213752

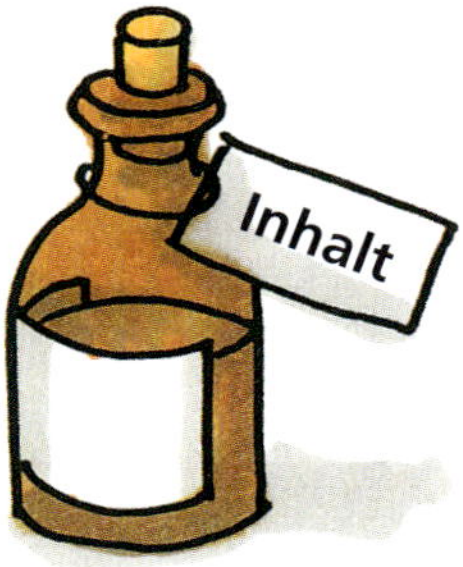
Inhalt

BENZIN

Vorwort

Hallo, liebe Schülerinnen und Schüler!

Hallo, liebe Eltern!

Wer *jeden Tag ein bisschen besser* wird, ist bald sehr gut!

Dieses Heft stellt auf jeder Doppelseite ein Rechtschreibthema aus dem Deutschunterricht der 4. Klasse vor, das in einer knappen halben Stunde bearbeitet werden kann. Eine Doppelseite pro Tag genügt völlig.

Mit den Diktaten wird am besten so geübt:

1. Zuerst den ganzen Text langsam vorlesen, dann einen kompletten Satz mit allen Satzzeichen. Erst jetzt wird der Satz in kleinen Teilen diktiert und aufgeschrieben. Die Querstriche verdeutlichen Sprechpausen. Einige schwierige Wörter sind kursiv gedruckt. Hier – aber auch in anderen Fällen – sind Hilfen erlaubt.
2. Anschließend wird das Geschriebene noch einmal sorgfältig durchgelesen.
3. Dann wird der Text Wort für Wort mit der Vorlage verglichen. Entdeckte Fehler werden im Text berichtigt.
4. Zum Schluss schaut jemand anderes nach und berichtigt übersehene Fehler.

Auch aufmerksames Abschreiben der Diktate übt enorm – einfach Stück für Stück lesen, dann abdecken und auswendig aufschreiben.

Die Übungen auf der rechten Seite können direkt im Heft bearbeitet werden – und zwar ganz nach Wunsch vor oder nach dem Übungsdiktat.

In der Mitte des Heftes haben wir einen Lösungsteil zum Heraustrennen eingeheftet. Damit sollen immer gleich die Ergebnisse überprüft werden! Das ist ganz wichtig, um in Zukunft Fehler zu vermeiden.

Und nun viel Spaß und viel Erfolg!

I Was Lisa und Peter gerne essen

Das Datum von heute

____

Satzanfänge, Namen und Nomen werden großgeschrieben

Was Lisa und Peter gerne essen
Lisa und Peter / mögen *Obst*. / Sie essen / zum Beispiel Äpfel, / Bananen, Birnen / und *Erdbeeren*. / Besonders gerne / mag Peter Apfelkuchen / und Lisa / *Quark* mit Früchten. /
Am Abend / essen Lisa und Peter / gemeinsam mit den Eltern. /
Es gibt oft / Fleisch oder Fisch, / Gemüse, Salat, / Kartoffeln oder Reis. /
Aber natürlich / mögen sie auch / süße Sachen / wie *Bonbons* / und Schokolade. 62

Die Zahl neben dem Diktattext gibt die Wörterzahl an.

Großgeschrieben werden Satzanfänge, Eigennamen und Nomen (auch Substantive oder Namenwörter genannt). Satzanfänge und Eigennamen erkennst du leicht.
Und so kannst du Nomen (Substantive) erkennen:
- **Vor einem Nomen steht ein Artikel (auch Begleiter genannt) oder**
- **du kannst einen Artikel davor setzen.**

Beispiel: **Auf dem Pausenbrot war Käse.**
Artikel-Probe: **Auf dem Pausenbrot war (der) Käse.**

In diesem Text fehlen Anfangsbuchstaben. Ergänze sie.

Was Kinder in ____ngland gerne essen

Zum ____rühstück mögen sie gerne ____chinken und Eier,

weißes ____rot mit ____utter und ____armelade oder ____äse.

____enn es kalt ist, essen viele einen Brei aus ____aferflocken.

____ie trinken ____ilch, ____akao oder auch Saft.

2 Geheimnis der Steinzeit

Das Datum von heute

Wörter mit den Endungen *-heit, -keit, -nis, -ung*

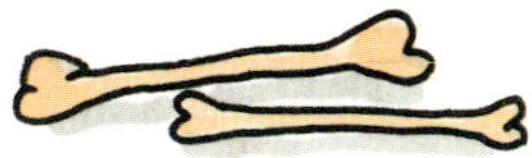

Geheimnis der Steinzeit

Vor etwa / 3000 Jahren / bauten die Menschen / im Norden *Europas* / riesige Steinhäuser / zur Bestattung / ihrer Toten. / Man fand darin / Knochen und / Reste der Nahrung, / die den Toten / *mitgegeben* wurde. / Wie haben / unsere *Vorfahren* / diese gewaltigen Lasten nur / ohne Maschinen bewegt? / Zwar gibt es hierzu / viele Vermutungen, / in Wahrheit / ist dies / aber noch immer / ein Geheimnis. 58

Enden Wörter auf *-heit, -keit, -nis, -ung,* handelt es sich immer um Nomen (Substantive, Namenwörter). Es gilt also Großschreibung.

die Freiheit **die Schwierigkeit** **das Ärgernis** **die Sicherung**

Löse dieses Rätsel.

1. Das Gegenteil von Krankheit ist ...
2. Hose, Rock und Pulli gehören zur ...
3. Viele Menschen suchen eine ...
4. Zwei Bremsen am Rad erhöhen die ...
5. Das Gegenteil von Hässlichkeit ist ...
6. Nicht ausplaudern soll man ein ...
7. Ein Urlaub dient der ...

1.	G	e	s	u	n	d	h	e	i	t
2.										
3.	W	o	h							
4.										
5.										
6.	G	e		e	i					
7.										

Das Datum von heute

3 Viele Köche ...

Einmal groß – einmal klein: Zeitangaben

Viele Köche ...
Ralf sagt *abends* / zu seiner Mutter: / „Am Mittwoch / brauchst du nicht / für mich zu kochen. / Ich werde / in der Schule essen." / „Aber das geht / doch gar nicht", / meint die Mutter. / Ralf antwortet: / „Doch, / das geht. / Frau Weber / wird uns ja helfen. / Was wir kochen, / besprechen wir morgens. / Am Vormittag / gehen wir einkaufen. / Danach bilden wir Gruppen / und kochen. / Und mittags / werden wir / gemeinsam essen." 66

Bei diesem Text dürfen die Redezeichen diktiert werden.

Zeitangaben, die Nomen (Substantive, Namenwörter) sind, schreibt man groß.

der Morgen am Abend am Dienstag

Du erkennst diese Zeitangaben z. B. daran, dass ein Artikel (Begleiter) davor steht oder du einen Artikel davor setzen kannst. Manchmal ist der Artikel auch „versteckt" (am = an *dem*).

Die Zeitangaben *morgens*, *abends*, *mittags*, *dienstags* dagegen sind keine Nomen und werden deshalb kleingeschrieben.

Unterstreiche die Zeitangaben im Diktattext auf der linken Seite. (Es sind fünf.)

Groß oder klein? Setze richtig ein.

Ich hatte am ___amstag Geburtstag. Zuerst sah es so aus, als ob alle meinen Geburtstag vergessen hätten. Aber als ich ___orgens zufällig auf die Terrasse ging, stand dort ein nagelneues Fahrrad. Damit hatte ich nun wirklich nicht gerechnet. Am ___reitag hatte Vati noch gesagt, mein altes Fahrrad sei ja noch ganz gut. Ich habe ___ormittags gleich die erste Fahrt mit meinem neuen Fahrrad gemacht. Und am ___achmittag waren dann einige Freunde bei mir. Die haben ganz schön gestaunt!

Das Datum von heute

____

4 An der Tankstelle

Adjektive werden kleingeschrieben

An der Tankstelle
Eva wohnt / mit ihrer Familie / in der Nähe / einer Tankstelle. / Heute sieht sie dort / einen riesigen Tankwagen. / Er liefert / große Mengen *Benzin*. / In der Waschanlage / wird gerade / ein schmutziges Auto / gereinigt. / Um das Fahrzeug / drehen sich / nasse Bürsten. / Und in der Werkstatt / steht ein rotes Auto / auf der *Hebebühne*. / Es bekommt / neue Reifen. 56

Adjektive (Eigenschaftswörter) sagen, *wie* etwas ist. Sie gehören zu den Wortarten, die kleingeschrieben werden.

schön groß rot lustig freundlich

Ob ein Wort ein Adjektiv ist und kleingeschrieben wird, kannst du oft auch an der *Endsilbe* erkennen:

ärgerlich modisch dankbar freudig

Bilde aus den Nomen und den Endsilben im Kasten sinnvolle Adjektive.

Herz	Freund	-lich
Dreck	Heimat	-isch
Neid	Wunder	-bar
Friede	Schmutz	-ig
Monat	Durst	

5 Beim Schwimmen

Das Datum von heute

Verben und Adjektive können Nomen werden

Im Schwimmbad

Am Samstag / gehen Jan / und seine kleine Schwester Tina / ins Hallenbad. / Beim Schwimmen / haben sie immer / großen *Spaß*. /

Das Tauchen / ist für Jan / das Schönste. / Heute will er / zehn Meter weit tauchen. / Tina springt / zum ersten Mal / vom *Startblock* / ins Wasser, / weil sie / um die Wette / schwimmen wollen. / Doch als Tina ankommt, / sitzt Jan schon / am Rand / und wartet. / Macht nichts, / er ist ja auch / der Ältere. 69

Aus Verben (Tätigkeitswörter) und Adjektiven (Eigenschaftswörter) können Nomen (Namenwörter) werden.
Sie werden dann großgeschrieben (das *Lachen*, die *Kleine*).
Du kannst diese Wörter daran erkennen, dass ein Artikel (Begleiter) davor steht oder davor stehen kann.

Sie hörten das Lachen und (das) Schreien.
Die Kleine war als (die) Erste am Ziel.

***Denk daran*: In folgenden Wörtern ist der Artikel versteckt: *am, beim, vom, zum* und *im*. Danach folgt also Großschreibung (*beim Tauchen*).**

Groß oder klein? Setze den richtigen Buchstaben ein.

Was für ein Tier bin ich?

i/I g/G	Ich bin ___nte ligent, ___utmütig und ___esellig. Mein
t/T	verspieltes ___ummeln im Wasser hat mir einen
s/S	Beinamen eingebracht. Das ___pringen aus dem
t/T	Wasser ist für mich das ___ollste. Obwohl wir wie
a/A a/A	Fische ___ussehen, sind wir keine. Wir ___tmen näm-
b/B	lich mit Lungen und ___ringen lebende Junge zur
z/Z g/G	Welt. Wir sind ___utrauliche und ___elehrige Tiere.
?	Ich bin ein ______________________________.

6 Feriengrüße aus England

Das Datum von heute

Anredepronomen

Liebe Frau Krause!

Diesen Gruß / sende ich Ihnen / aus *London*. / Kennen Sie die Stadt? / Hier gibt es / viele schöne Sachen. / Leider ist unsere Reise / schon bald vorbei. /

Viele Grüße / von Ihrer Lena

Hallo, Laura!

Ich schreibe dir / aus einer alten Burg, / in der ein *Gespenst* / leben soll. / Zuerst hatte ich / wirklich Angst, / aber dann / hatten wir sogar / viel Spaß. / War euer Urlaub / auch gut? /

Liebe Grüße / von deiner Lena

69

Die höflichen Anredepronomen *Sie, Ihr, Ihre, Ihnen* werden immer großgeschrieben.

Die Anredepronomen *du, ihr* und die zugehörigen Pronomen *dein, euer* dagegen schreibt man stets klein – auch in Briefen.

Unterstreiche die Anredepronomen im Diktattext auf der linken Seite.

In dem folgenden Aufruf der Polizei fehlen die Anredepronomen. Setze jeweils das passende ein.

Sie   Sie   Sie   Ihrem   Ihr   Ihre

Die Kriminalpolizei rät:

Bewahren ________ ________ Kind vor Kriminalität. Sprechen ________ mit ________ Kind darüber, dass Diebstahl oder Sachbeschädigungen weder Sport noch Mutprobe sind, sondern Straftaten. Wir wollen, dass ________ sicher leben.

________ Polizei

7 Immer das gleiche Spiel

Das Datum von heute ____________

Leicht zu verwechseln: *ä* und *e*

Immer das gleiche Spiel
Zwei Vögel / sehen zu, / wie der Gärtner / die vielen Gärten umgräbt, / den Samen verteilt / und ihn dann / mit Erde *bedeckt*.
„Warum *fällt* dem eigentlich / nichts *Neues* ein?“, / fragt der eine Vogel. / Darauf erklärt / der andere: / „Er treibt / mit uns *jährlich* / das gleiche Spielchen. / Er versteckt / die Körner / und wir / müssen sie suchen.“ 56

Bei diesem Text dürfen die Redezeichen diktiert werden.

Zu Wörtern mit *ä* kannst du meistens ein verwandtes Wort mit *a* finden.
Wenn du sicher sein willst, ob ein Wort mit *ä* geschrieben wird, suchst du nach einem Wort mit *a* aus der gleichen Wortfamilie.

erklären – klar **zählen – Zahl** **Räder – Rad** **länger – lang**

Finde zu jedem dieser Wörter mit *ä* ein verwandtes Wort mit *a* und schreibe es auf.

die Gläser ______________________

sie fällt ______________________

die Räder ______________________

du erklärst ______________________

der Gärtner ______________________

die Briefkästen ______________________

älter ______________________

jährlich ______________________

er gräbt ______________________

8 Marie räumt auf

Das Datum von heute ______

Leicht zu verwechseln: *g* und *k*

Marie räumt auf
Sie hängt / ihre Hosen / in den Schrank. / Die Kissen legt sie / auf die Bank. / Sie denkt auch / an ihre Blumen / und *gießt* sie. / Ihre Ringe und Armbänder / ordnet sie / in ein Kästchen. / Danach fängt sie an / ihre Schulsachen / einzuräumen. / Langsam macht ihr / die Arbeit / sogar Spaß. / Die Mutter schenkt ihr / zur Belohnung / eine *Kassette.* 57

Wenn sich die Buchstaben *g* und *k* nicht eindeutig unterscheiden lassen, kannst du meist verwandte Wörter finden, bei denen sich der Buchstabe gut heraushören lässt.

Bei *Nomen* (Substantive, Namenwörter) kannst du die *Mehrzahl* bilden:

Schrank – Schränke   Ring – Ringe

Bei Verben (Tätigkeitswörter) kannst du die Grundform bilden:

sie denkt – denken   er fängt – fangen

Setze *g* und *k* richtig ein. Leite die Schreibweise ab, indem die Wörter verlängerst.

Mehrzahl bilden		**Grundform bilden**	
der Schran__	Schränke	es hän__t	hängen
ein Din__	____________	er den__t	____________
das Geträn__	____________	sie fän__t	____________
der Klan__	____________	er schen__t	____________
der Sprun__	____________	es klin__t	____________

9 Eine Klassenzeitung entsteht

Das Datum von heute

Leicht zu verwechseln: *b* und *p*, *d* und *t*

Eine Klassenzeitung entsteht

Bis eine Klassenzeitung / fertig ist, / gibt es viel zu tun. / Alle Kinder / der Klasse / arbeiten daran. / Steffi und Tobias / drucken ihre Gedichte. / Tobias findet / noch einen Fehler. / Anton schreibt / die Ergebnisse / vom Sportfest auf. / Für die Titelseite / schneidet Tina / Buchstaben aus Tonpapier aus. / Simon klebt sie auf. / Jetzt fehlen nur noch / die *Texte* vom Ausflug / und dazu / ein lustiges Bild. 63

Die Buchstaben *b* und *p* lassen sich beim Hören oft nicht eindeutig unterscheiden. Und auch *d* und *t* sind oft schwer zu unterscheiden.

In vielen Fällen kannst du auch hier die Methode „Ableiten“ anwenden: Du suchst ein verwandtes Wort, bei dem die Schreibweise eindeutig herauszuhören ist.

das Bild – Bilder **seltsam – selten** **sie hupt – hupen**

b oder *p*? Setze den richtigen Buchstaben ein.
Dabei helfen dir die Wörter.

sie gi___t sie he___t

er kle___t er schrei___t

er ga___ sie er au___t

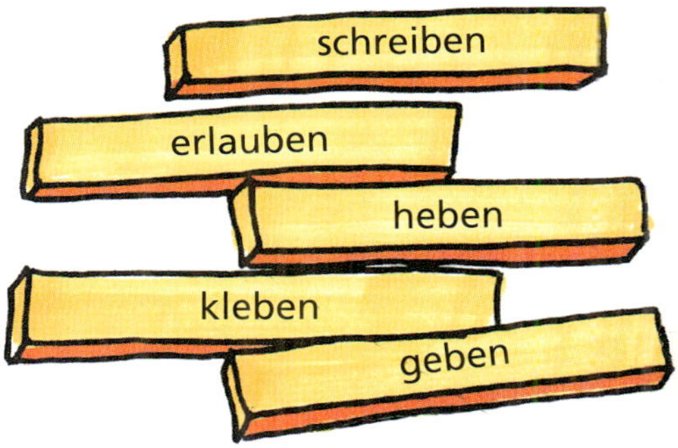

d oder *t*? Setze den richtigen Buchstaben ein. Schreibe ein verwandtes Wort daneben, das die richtige Schreibung erklärt.

er verschwan__ verschwinden

sie fan__ wir

der San__ sandig

der Abschie__ ______

das Bil__ ______

10 Die Sprachen der Indianer

Das Datum von heute ____________

Wörter mit *st* und *sp*

Die Sprachen der Indianer

Die Indianer hatten / sehr viele / *unterschiedliche* Sprachen. / Oft konnten / zwei benachbarte Stämme / sich nicht *verständigen.* / Darum entwickelten / die Indianer / eine Zeichensprache. / Forscher halten sie / für die / am *höchsten* entwickelte Zeichensprache / der ganzen Welt. / Mit ihr konnten / über Stunden / Gespräche geführt werden. 45

Bei Wörtern und Wortbausteinen, die mit *st* und *sp* beginnen, wird das *s* wie *sch* gesprochen.

Straße stehen Spaß spielen verstehen

Merke dir aber: Zwischen *s* und *t* und zwischen *s* und *p* steht kein *ch*.

s oder *sch*? Fülle die Lücken aus.

Ein Indianerhäuptling erzählt

Nach Kolumbus kamen die ___panier in unser Land. Sie brachten viel Neues, zum Bei___piel auch ___öne Pferde. Viele von denen rissen aus, blieben im Land und vermehrten sich. Meine Vorfahren fingen diese Pferde und zähmten sie. Ich _____wöre euch: Ge_____icktere Reiter als meine Vorfahren gab es be___timmt niemals. Und niemand hat je seine Tiere mehr geliebt. Sie trainierten sie fast täglich und auch den Pferden machte es viel ___paß. Kein Fachmann wird wider___prechen, wenn ich sage: Der zähe Wider___tand der Indianer gegen die weißen Eroberer wäre ohne Pferde ziemlich unmöglich gewesen.

11 Verdächtige Spur

Das Datum von heute

Vorsilben mit *v*

Verdächtige Spur

Verärgert betritt / Herr Lauch, / der *Gemüsehändler*, / die Wache. / „Uns wird dauernd / Gemüse gestohlen“, / berichtet er. / „Seit gestern / vermissen wir / wieder Karotten. / Und jetzt sind auch / unsere beiden zahmen Hasen / verschwunden.“ / Der Wachmann verspricht: / „Ich schicke / einen Mann vorbei.“ /

Am Abend / sieht der sich / das Lager / mit den *Vorräten* an. / Er entdeckt / eine Spur, / die in den Garten führt. / Vorsichtig tritt er / durch das Gartentor ... 66

Bei diesem Text dürfen die Redezeichen diktiert werden.

Die Vorsilben *ver-* und *vor-* werden mit *v* geschrieben.

verlaufen   verägert   vorsichtig   die Vorräte

Unterstreiche im Text auf der linken Seite alle Wörter, die mit den Vorsilben *ver-* und *vor-* beginnen.

Setze aus den folgenden Bausteinen Wörter zusammen.

vor- vorsingen ____________________

____

____

ver- ____________________

____

____

12 Schnell zur Bücherei

Das Datum von heute

____

Die Wortbausteine *end-* und *ent-*

Schnell zur Bücherei
Lisa muss unbedingt / zur Bücherei. / Sie hat / Bücher entliehen, / die sie heute endgültig / zurückgeben muss. / Als die Hausaufgaben / endlich fertig sind, / geht sie los. / Unterwegs trifft sie Mona. / Lisa erzählt ihr, / wohin sie geht. / Da entgegnet Mona: / „Die Bücherei / ist jetzt zu. / Mittwochs schließt sie / immer schon mittags." / Enttäuscht / kehrt Lisa um. / Muss sie jetzt / eine Strafgebühr / bezahlen? 61

Die Wortbausteine *ent-* und *end-* werden gleich ausgesprochen.

endlos unendlich entscheiden unentschieden

Merke dir deshalb: Der Wortbaustein *end-* hat immer etwas mit *Ende* zu tun und wird betont. Der Baustein *ent-* ist eine unbetonte Vorsilbe.

Setze die Wortbausteine richtig zusammen und trage sie in die passende Spalte ein.

end / End	**ent / Ent**
endgültig	*Entdeckung*

13 Beim Zahnarzt

Das Datum von heute

Wörter mit dem Längezeichen *h*

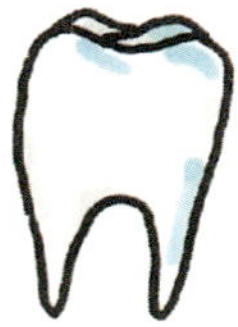

Beim Zahnarzt

Fast zehn Minuten / musste ich / in diesem / gefährlichen Stuhl warten. / Ich habe gedacht: / Warum habe / ich mich nur / seit ungefähr einem Jahr / vor diesem Besuch gedrückt? / Diesen Fehler / konnte ich / mir nicht verzeihen. / Aber dann / war das Bohren / gar nicht schlimm. / Ich war plötzlich / ganz ruhig. / Der Zahn tut jetzt / nicht mehr weh / und ich freue mich, / weil alles vorbei ist. 63

In vielen Wörtern steckt ein *h* als Zeichen dafür, dass der Vokal (Selbstlaut) vor dem *h* lang ausgesprochen wird (ah, eh, oh …).

Zahn Gefahr Mehl Uhr mehr zählen

Ordne in diese Kommode große und kleine Verwandte richtig ein. Schreibe die Wörter jeweils in die passende Schublade.

jährlich Frühling unzählig fehlen wahr
zählen früher gezahlt wahrlich
Jahre Fehler früh Wahrheit

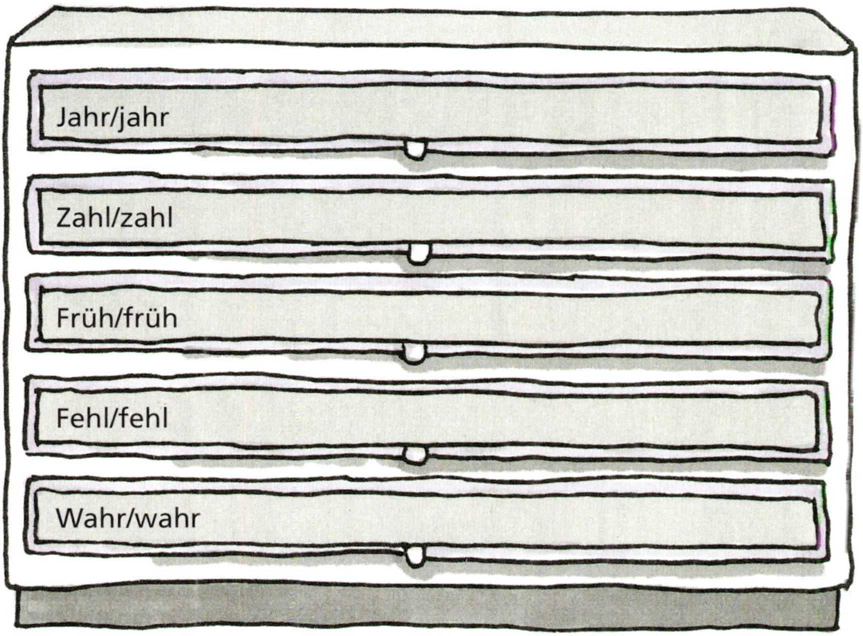

14 Viel Betrieb im Hallenbad

Das Datum von heute

Wörter mit lang gesprochenem *i*

Viel *Betrieb* im Hallenbad

Jeden Dienstag / ist im Hallenbad / *Spielnachmittag*. / Der Boden / des *Schwimmbeckens* / wird ganz flach gestellt. / Jetzt fliegen Bälle / durch die Luft. / Kinder schieben sich / auf Matten / durch das Wasser. / Die Kleinen spielen / mit ihren Gießkannen. / Für den Bademeister / ist es *schwierig*, / niemanden aus dem Blick / zu verlieren. / Aber die Kinder / haben riesigen Spaß. 56

LÖSUNGEN

1

☆ Was Kinder in England gerne essen
Zum Frühstück mögen sie gerne
Schinken und Eier,
weißes Brot mit Butter und Marmelade
oder Käse.
Wenn es kalt ist, essen viele einen Brei
aus Haferflocken.
Sie trinken Milch, Kakao oder auch Saft.

2

☆
1. Gesundheit
2. Kleidung
3. Wohnung
4. Sicherheit
5. Schönheit
6. Geheimnis
7. Erholung

3

abends – Am Mittwoch – morgens –
Am Vormittag – mittags

☆ Ich hatte am Samstag Geburtstag. ...
Aber als ich morgens zufällig ...
Am Freitag hatte Vati noch gesagt ...
Ich habe vormittags gleich ...
Und am Nachmittag waren dann ...

4

☆ herzlich, freundlich,
dreckig, heimatlich,
neidisch, wunderbar (wunderlich),
friedlich, schmutzig,
monatlich, durstig

5

☆ Ich bin intelligent, gutmütig und gesellig. Mein verspieltes Tummeln im Wasser hat mir einen Beinamen eingebracht. Das Springen aus dem Wasser ist für mich das Tollste. Obwohl wir wie Fische aussehen, sind wir keine. Wir atmen nämlich mit Lungen und bringen lebende Junge zur Welt. Wir sind zutrauliche und gelehrige Tiere. Ich bin ein Delphin. (Auch *Delfin* ist richtig.)

6

☆ Die Kriminalpolizei rät:
Bewahren Sie Ihr Kind vor Kriminalität.
Sprechen Sie mit Ihrem Kind darüber,
dass Diebstahl oder Sachbeschädigungen
weder Sport noch Mutprobe sind,
sondern Straftaten.
Wir wollen, dass Sie sicher leben.
Ihre Polizei

7

☆ *Beispiele:*
die Gläser: das Glas
sie fällt: fallen
die Räder: das Rad
du erklärst: klar
der Gärtner: der Garten
die Briefkästen: der Kasten
älter: alt
jährlich: das Jahr
er gräbt: graben

8

☆

der Schrank	Schränke
ein Ding	Dinge
das Getränk	Getränke
der Klang	Klänge
der Sprung	Sprünge

es hängt – hängen
er denkt – denken
sie fängt – fangen
er schenkt – schenken
es klingt – klingen

9

sie gibt – er klebt – er gab
sie hebt – er schreibt – sie erlaubt

er verschwand – verschwinden
sie fand – wir finden
der Sand – sandig, versanden
der Abschied – verabschieden
das Bild – die Bilder

10

Ein Indianerhäuptling erzählt
Nach Kolumbus kamen die Spanier in unser Land. Sie brachten viel Neues, zum Beispiel auch schöne Pferde. Viele von denen rissen aus, blieben im Land und vermehrten sich. Meine Vorfahren fingen diese Pferde und zähmten sie. Ich schwöre euch: Geschicktere Reiter als meine Vorfahren gab es bestimmt niemals. Und niemand hat je seine Tiere mehr geliebt. Sie trainierten sie fast täglich und auch den Pferden machte es viel Spaß. Kein Fachmann wird widersprechen, wenn ich sage: Der zähe Widerstand der Indianer gegen die weißen Eroberer wäre ohne Pferde ziemlich unmöglich gewesen.

11

Verdächtige Spur
Verärgert betritt Herr Lauch, der Gemüsehändler, die Wache. „Uns wird dauernd Gemüse gestohlen", berichtet er. „Seit gestern vermissen wir wieder Karotten. Und jetzt sind auch unsere beiden zahmen Hasen verschwunden." Der Wachmann verspricht: „Ich schicke einen Mann vorbei."
Am Abend sieht der sich das Lager mit den Vorräten an. Er entdeckt eine Spur, die in den Garten führt. Vorsichtig tritt er durch das Gartentor …

vorsingen, vorsichtig, vorher, vorbei
verschollen, verdächtig, vermissen, vergessen

12

endlich – Entdeckung
endlos – entleihen
Endspurt – entgegnen
endgültig – Entschluss
Entschuldigung
enttäuscht

13

Jahr/jahr: jährlich, Jahre
Zahl/zahl: unzählig, zählen, gezahlt
Früh/früh: früh, Frühling, früher
Fehl/fehl: fehlen, Fehler
Wahr/wahr: wahr, wahrlich, Wahrheit

14

Viel Betrieb im Hallenbad
Jeden Dienstag ist im Hallenbad Spielnachmittag. Der Boden des Schwimmbeckens wird ganz flach gestellt. Jetzt fliegen Bälle durch die Luft. Kinder schieben sich auf Matten durch das Wasser. Die Kleinen spielen mit ihren Gießkannen. Für den Bademeister ist es schwierig, niemanden aus dem Blick zu verlieren. Aber die Kinder haben riesigen Spaß.

Das Wort mit *ih*: ihren

Nomen	Verben	Adjektive
Dienstag Betrieb	fliegen spielen schieben	schwierig friedlich riesig

15

Die Sonne schien, doch Britta schlief noch fest. Da rief ihre Mutter aus dem Esszimmer. Plötzlich fiel ihr alles ein. Sie rieb sich die Augen. Bei schönem Wetter wollte sie ja mit Tanja und Nicola zum Schwimmen fahren. Jetzt hielt sie nichts mehr im Bett. Wie der Wind lief sie ins Bad. Auf dem Weg zur Küche stieg sie in ihre Jeans. Ihrer Mutter rief sie noch „Tschüs“ zu, und schon ging es ab!

16

anziehen, erziehen, beziehen, ausziehen, abziehen, umziehen, ziehen
Anziehung, Erziehung, Beziehung

17

Es gehören zusammen:
sie sauste – sausen
das Glas – die Gläser
das Mäuschen – die Mäuse
er reiste – reisen
das Haus – die Häuser
der Kreis – die Kreise
er liest – lesen

18

der Pass	die Pässe
der Fluss	die Flüsse
der Prozess	die Prozesse
der Genuss	die Genüsse
die Nuss	die Nüsse
das Fass	die Fässer
der Schuss	die Schüsse
das Ross	die Rösser

19

gesummtes s
die Blase die Vase
blasen rasen
die Reise die Meise

scharfes s		
die Tasse die Klasse	der Gruß der Fuß	er saust* sie haust
lassen fassen	das Maß der Spaß	das Häuschen* das Mäuschen*
	ich weiß es ist heiß	

*Beispiele für verwandte Wörter mit gesummtem s:
sausen, hausen, Häuser, Mäuse

20

Sonne Wonne Tonne	voll toll	Lappen Happen Wappen
nennen rennen pennen	Hülle Fülle	Sinn Kinn

21

Lena wartet mit ihrer Mutter auf den Vater. Sie schaut sich im Bahnhof um. Ein Mann trägt einen großen Sack. Plötzlich klingelt darin ein Wecker. Einem Arbeiter, der gerade Dreck aus einer Ecke fegt, fällt vor Schreck der Besen aus der Hand. Er wirft dem Mann einen bösen Blick zu. Lena guckt sich ein Plakat vom Zirkus Borelli an. Darauf ist zu sehen, wie der berühmte Alfredo ein langes Schwert schluckt. Da kommt auch schon der Vater. Er ist aus München zurück.

22

schützen Mütze Pfütze	Katze Tatze Glatze	heizen Weizen reizen

23

Einzahl mit Endung *-in*	**Mehrzahl**
die Nachbarin die Freundin die Königin die Schülerin	die Nachbarinnen die Freundinnen die Königinnen die Schülerinnen
Einzahl mit Endung *-nis*	**Mehrzahl**
das Gleichnis das Geheimnis das Erlebnis das Zeugnis	die Gleichnisse die Geheimnisse die Erlebnisse die Zeugnisse

24

☆
auffangen abbrechen
auffordern abbringen
auffrischen abbeißen
auffädeln abblättern
auffahren abblasen
auffallen abbiegen

25

☆ Im Schul-land-heim
Paul ist mit sei-ner Klas-se im Schul-land-heim. Schon am ers-ten Tag hat er lau-ter Un-sinn ge-macht: im Zim-mer Fuß-ball ge-spielt, ei-ne Tür-klin-ke ab-ge-baut, den Müll-ei-mer ver-steckt, den Koch ge-är-gert, vom ei-nem Baum mit Bir-nen ge-wor-fen ... Nun soll er zum Heim-lei-ter kom-men. Der wird ihm si-cher ei-ne Stand-pau-ke hal-ten. Mit hän-gen-dem Kopf be-tritt Paul das Zim-mer.

☆☆ **Wörter mit einer Silbe:**
Hals, Zeug, Gras, Loch
Wörter mit zwei Silben:
Son-ne, Li-ter, Hals-tuch, Spiel-zeug
Wörter mit drei und mehr Silben:
Auf-ga-be, Haus-auf-ga-be, hin-ter-her, Li-ter-fla-sche

26

☆ Dem Vogel gefällt am Frühling, *dass* er jetzt leichter satt wird.
Dem Gärtner gefällt am Frühling, *dass* er von früh bis spät draußen arbeiten kann.
Dem Mädchen gefällt am Frühling, *dass* es wieder Eis essen darf.

27

☆ Pit Punkt, Anton Ausruf und Frieda Frage wurden entführt. Was steht jetzt am Ende der Sätze? Genau, nichts! Wie wird das den Leuten gefallen? Sie werden wohl keine Bücher mehr kaufen. Ohne die Zeichen können sie nämlich einen Text nur ganz schwer lesen. Aber vielleicht können Pit, Anton und Frieda befreit werden. Die Entführer fordern nämlich: Setzt in diesem Text die Zeichen an den Satzenden richtig ein! Wird das in zehn Minuten gelingen? Dann wollen sie die drei wieder freilassen.

28

☆ Paul und Pauline liegen morgens im Bett. Pauline fragt: „Paul, wie spät ist es?" Paul murmelt: „Kurz nach sieben." Da fordert Pauline: „Jetzt muss aber bald etwas passieren!" Paul fragt: „Wie meinst du das?" Pauline ruft empört: „Wenn wir jetzt nicht bald geweckt werden, kommen wir zu spät zur Schule!"

29

☆ Maus und Elefant gehen zusammen zum Schwimmbad. Der Elefant bleibt plötzlich stehen. „Was hast du denn?", fragt die Maus. „Verflixt noch mal, ich habe schon wieder meine Badehose vergessen!", ruft der Elefant. „Du, ich habe zwei Badehosen dabei, ich leihe dir eine", antwortet die Maus beruhigend.

Die meisten Wörter mit lang gesprochenem i-Laut schreibt man mit *ie*.

Wiese schieben spielen nie

Unterstreiche im Diktattext auf der linken Seite alle Wörter mit langem i-Laut. Bei einem dieser Wörter hat das *i* ein anderes Längezeichen. Schreibe das Wort hier auf.

ih: ________________

In dieser Wörterschlange findest du Silben mit *ie*. Bilde daraus Wörter und schreibe sie auf. Ordne sie dabei nach Nomen, Verben und Adjektiven.

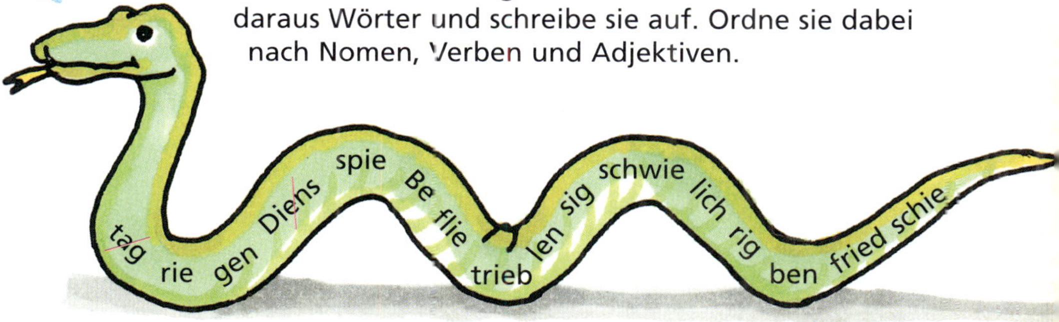

Nomen	Verben	Adjektive
Dienstag		

Manche Wörter mit langem i-Laut werden mit einfachem *i* geschrieben. Diese Wörter musst du dir gut merken.

Apfelsine Margarine Maschine Tiger Igel dir mir

Das Datum von heute ____________

15 Das Fußballspiel

ie in der Vergangenheitsform

Bei diesem Text dürfen auch die Redezeichen diktiert werden.

Das Fußballspiel

Pünktlich liefen / die Spieler / auf das Feld. / Die Fans riefen: / „*Viel Glück!*“ / „Wo ist der Ball?“, / schrie der *Schiedsrichter*. / Da warf jemand / den Ball / in die Mitte / und das Spiel begann. / Ein Mädchen / blies begeistert / auf der *Trompete*. / Alle blieben / bis zum Schluss. / Nach 90 Minuten / war das Spiel aus / und der Schiedsrichter rief: / „*Unentschieden*!“ 57

In der Vergangenheitsform werden viele Verben mit *ie* geschrieben.

er ruft – er rief **sie schlafen – sie schliefen** **ich halte – ich hielt**

Schreibe diesen Text in die Vergangenheitsform um. Streiche die Verben in der Gegenwartsform durch und schreibe die neuen Formen darüber.

schien

Die Sonne ~~scheint~~ , doch Britta schläft noch fest. Da ruft ihre Mutter aus dem Esszimmer. Plötzlich fällt ihr alles ein. Sie reibt sich die Augen. Bei schönem Wetter will sie ja mit Tanja und Nicola zum Schwimmen fahren. Jetzt hält sie nichts mehr im Bett. Wie der Wind läuft sie ins Bad. Auf dem Weg zur Küche steigt sie in ihre Jeans. Ihrer Mutter ruft sie noch „Tschüs" zu, und schon geht es ab!

16 Alles verziehen

Das Datum von heute

Wörter mit *ieh*

Alles verziehen

Sabine zieht am liebsten / *Jeans* an. / Heimlich / hat sie sich welche / von ihrer Schwester / ausgeliehen. / „Hoffentlich sieht sie / es nicht“, / denkt Sabine. / Aber natürlich / geschieht es doch. / Zu ihrer *Überraschung* / muss Sabine die Hose / aber gar nicht / wieder ausziehen. / Ihre Schwester / meint nur: / „Du kannst die Jeans / jetzt immer anziehen, / sie sind mir / zu klein geworden.“ 58

Bei diesem Text dürfen die Redezeichen diktiert werden.

Bei manchen Wörtern wird der lange i-Laut mit *ieh* geschrieben.

ziehen **Erziehung** **fliehen** **sieht** **geschieht**

Bilde mit den Wortbausteinen und dem Wortstamm *zieh* neue Wörter. Beachte die Groß- und Kleinschreibung.

an An er Er be Be aus ab um	**zieh**	en en en en en en en ung ung ung

anziehen

Das Datum von heute

17 In der Stadt ist Wochenmarkt

Gesummter s-Laut: *s*

In der Stadt ist Wochenmarkt
Hier bekommen / die Leute alles: / Fisch und Gemüse, / Besen aus *Reisig* / und Schaufeln / aus Eisen, / Brot und Käse, / Tulpen und Rosen, / Gläser und Dosen. /
Lena und Petra / wollen eine Schale besorgen. / Die soll / auf den Rasen, / damit Spatzen / und Amseln / baden können. / Sie finden / eine flache Schale / aus dickem Glas, / die nicht mal / teuer ist. / Zufrieden / gehen die Mädchen / nach Hause. 66

Der *gesummt* ausgesprochene s-Laut wird mit einfachem *s* geschrieben.

Rasen Mäuse sausen besuchen

***Beachte*: Wenn es in einer Wortfamilie *ein* Wort mit gesummtem *s* gibt, dann werden auch die verwandten Wörter mit einfachem *s* geschrieben – auch die, bei denen das *s* nicht gesummt wird.**

Häuser → Haus, Häuschen
lesen → er liest, er las
eisig → das Eis

Umkreise jeweils das s und verbinde die verwandten Wörter mit einer Linie.

sie sauste	die Gläser
das Glas	lesen
das Mäuschen	die Kreise
er reiste	die Häuser
das Haus	sausen
der Kreis	die Mäuse
er liest	reisen

18 Ritter Kuno am Ziel

Das Datum von heute

Scharfer s-Laut nach kurzem Vokal: *ss*

Ritter Kuno am Ziel

Die Abendsonne / schien blass / auf Burg Wolkenstein. / Ritter Kuno / war endlich / am Ziel. / Gefährliche Pässe / hatte er überwunden, / wilde Flüsse durchquert. / Aber nun war / die ungewisse Zeit vorbei. / Auf ihn warteten / nur noch edle Genüsse: / frisches Brot, / Trauben und Nüsse, / Fässer voll Wein. / Doch plötzlich / Schüsse und Lärm! / Auf schnellen Rössern / näherten sich Reiter. ... 58

Wir schreiben *ss* bei einem *scharf* ausgesprochenen s-Laut – und zwar immer dann, wenn ein *kurzer* betonter Vokal (Selbstlaut) vorausgeht.

wissen müssen die Kasse der Riss

2 Male einen Punkt unter die kurzen betonten Vokale vor dem scharf ausgesprochenen s-Laut. Schreibe dann die Wörter in der Mehrzahl auf.

der Pass die ____________________

der Fluss die ____________________

der Prozess die ____________________

der Genuss die ____________________

die Nuss die ____________________

das Fass die ____________________

der Schuss die ____________________

das Ross die ____________________

***Ausnahmen* bilden die Wörter *es, das* und *was*. Sie kommen aber so häufig vor, dass dir ihre Schreibweise sicher schon vertraut ist.**

19 Die beliebte Fragestunde

Das Datum von heute ______

Scharfer s-Laut nach langem Vokal: *ß*

Die beliebte Fragestunde

Jeden Freitag / findet in der Klasse / die Runde / für Fachleute statt. / Paul und Petra / haben für das nächste Mal / diese ernsten / und spaßigen Fragen / gesammelt: /
Konnten die Menschen / vor 2000 Jahren / schon Eisen gießen? / Welche Fäden / reißen oft, / wenn etwas / lange dauert? / Können Fische / ihre Augen schließen? / Können Pferde / dreißig Jahre alt werden? / Wann können Hunde, / die bellen, / wieder beißen? 63

Das *ß* steht für einen *scharf* ausgesprochenen s-Laut – und zwar immer dann, wenn ein *langer* betonter Vokal (Selbstlaut) oder Doppellaut vorausgeht.

grüßen **er grüßt** **der Gruß**
reißen **sie reißt (am Faden)** **der Reißwolf**

Kannst du reimen?

gesummtes *s*		
die Blase	blasen	die Reise
die V________	r________	die M________

scharfes *s*		
die Tasse	der Gruß	er saust*
die Kl________	der F________	sie h________*
lassen	das Maß	das Häuschen*
f________	der Sp________	das M________*
	ich weiß	
	es ist h________	

* Schreibe für jedes dieser Wörter ein verwandtes Wort mit gesummtem *s* auf. (Die Erklärung dieser Schreibweise kannst du auf Seite 39 noch einmal nachlesen.)

____

20 Wir feiern ein Fest

Das Datum von heute

Wörter mit doppeltem Konsonanten

Wir feiern ein Fest
Die Kinder / der Klasse 4 / planen ein Fest / mit Liedern, / Spielen und Tänzen / aus anderen Ländern. / Das *Motto* lautet: / „Wir sind Kinder / dieser Erde." /
Sie besprechen, / was zu tun ist. / Eine Gruppe / schreibt Einladungen / und malt *Plakate*. / Eine andere Gruppe / sammelt Vorschläge / für das Programm. / In den nächsten Wochen / wird fleißig geübt. / Dann ist es / endlich so weit. / Das Fest / kann beginnen. 66

Nach einem kurz gesprochenen Vokal (Selbstlaut) oder Umlaut folgt oft ein verdoppelter Konsonant (Mitlaut).

die Tanne der Müll schlaff

Aber: der Schlaf **(Vokal lang gesprochen)**

Finde passende Reimwörter.

Sonne	voll	Lappen
W__________	t__________	H__________
T__________		W__________
nennen	Hülle	Sinn
r__________	F__________	K__________
p__________		

21 Mit der Lupe entdeckt

Das Datum von heute

____

Wörter mit *ck*

Mit der *Lupe entdeckt*
Tim sieht sich / ein Wiesenstück / mit seiner Lupe an. / Dabei entdeckt er / einen Schmetterling / auf einer Blume. / Tim blickt / durch die Lupe. / Die Flügel sind / mit Schuppen bedeckt. / Sie geben / dem *Insekt* / die Farbe. / Er entdeckt / auch eine Raupe / mit Stacheln. / Damit schreckt sie / ihre Feinde ab. / Eine andere Raupe / wickelt sich gerade / in das Blatt / einer *Brennnessel.* / So versteckt sie sich / vor Räubern.

68

In deutschen Wörtern gibt es kein *kk*. Dafür gibt es als Ersatz *ck*. Für den k-Laut gilt deshalb: Nach einem kurzen Vokal (Selbstlaut) oder Umlaut wird der k-Laut oft mit *ck* geschrieben.

die Hecke   der Bäcker   schlucken

Aber: der Haken **(Vokal lang gesprochen)**

Schreibe die Wörter an die passenden Stellen.

zurück   guckt   Schreck
Wecker   schluckt   Sack
Dreck   Blick   Ecke

Im Bahnhof

Lena wartet mit ihrer Mutter auf den Vater. Sie schaut sich im Bahnhof um. Ein Mann trägt einen großen ________________. Plötzlich klingelt darin ein ________________. Einem Arbeiter, der gerade ________________ aus einer ________________ fegt, fällt vor ________________ der Besen aus der Hand. Er wirft dem Mann einen bösen ________________ zu. Lena ________________ sich ein Plakat vom Zirkus Borelli an. Darauf ist zu sehen, wie der berühmte Alfredo ein langes Schwert ________________. Da kommt auch schon der Vater. Er ist aus München ________________.

22 Der Trickdieb

Das Datum von heute

Wörter mit *tz*

Der *Trickdieb*

Ein Mann / sitzt im Park / auf einer Bank. / Da setzt sich / ein netter Herr / zu ihm / und sagt / mit leiser Stimme: / „Sie sollten aufpassen. / Hier im Park / ist ein Dieb *unterwegs*. / Der Kerl / klaut einem glatt / die Brille / von der Nase. / Das ist kein Witz." / Dann eilt er davon. /

Der Mann / auf der Bank / *schwitzt*. / Er zieht / die Jacke aus. / *O* Schreck! / Wo ist / seine Brieftasche? / Seine Blicke / suchen überall / diesen netten Herrn. 75

In deutschen Wörtern gibt es kein *zz*. Stattdessen gibt es als Ersatz *tz*.
Für den z-Laut gilt deshalb: Nach einem kurzen Vokal (Selbstlaut) oder Umlaut wird der z-Laut oft mit *tz* geschrieben.

der Witz   der Schütze   schwitzen

Aber: duzen **(Vokal lang gesprochen)**   heizen **(Doppellaut)**

Bilde die möglichen Wörter und schreibe sie auf.

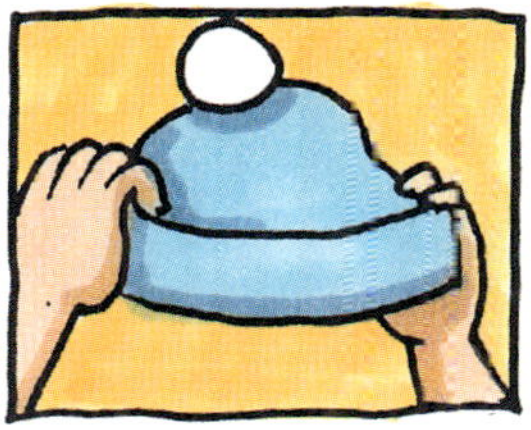

sch			______
M	ütz	e	______
Pf			______
K			______
T	atz	e	______
Gl			______
h			______
W	eiz	en	______
r			______

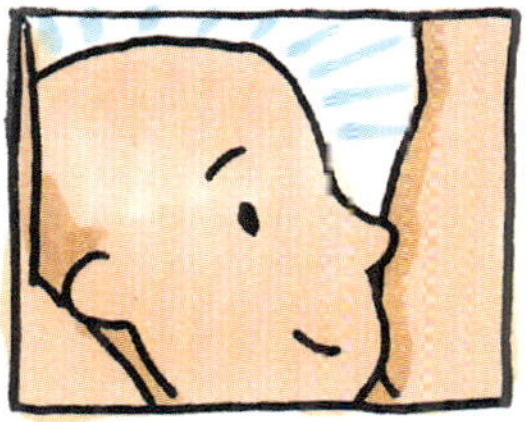

23 Auf Klassenfahrt

Das Datum von heute

Die Mehrzahl-Endungen *-innen* und *-nisse*

Auf Klassenfahrt

Der Burgbesuch war / für die Schüler / und Schülerinnen / ein tolles Erlebnis. / Die beiden Lehrerinnen / zeigten den Kindern / viele Zeugnisse / aus alter Zeit / und die Geheimnisse / der Burg. / In dem Gefängnis, / dem Burgverlies, / war auch einmal / eine richtige Königin / gefangen. / Die Verkäuferinnen / im Andenkenladen / verkauften Bilder / von ihr. 49

Aus den Endungen *-in* und *-nis* wird in der Mehrzahl *-innen* und *-nisse*.

Freundin – Freundinnen **Erlebnis – Erlebnisse**

Baue die Wörter richtig zusammen.

	Einzahl mit Endung *-in*	**Mehrzahl**
der Nachbar	die Nachbarin	die Nachbarinnen
der Freund		
der König		
der Schüler		

	Einzahl mit Endung *-nis*	**Mehrzahl**
gleich	das Gleichnis	die
geheim		
erleben	das Erlebnis	
zeugen		

24 Verkehrszeichen der Meere

Das Datum von heute ____________

Gleiche Konsonanten bei zusammengesetzten Wörtern

Verkehrszeichen der Meere
An allen *Küsten* / der Erde / gibt es Verkehrszeichen / für die *Schifffahrt*. / Das bekannteste / Seezeichen / ist der Leuchtturm. / Am Tag / ist der Turm / ein auffallendes Gebilde. / Nachts sind / seine Lichter / weithin zu sehen. / Sie sind / den Seeleuten / eine wichtige Hilfe, / damit sie / auch bei Dunkelheit / den Weg finden / und nicht / auf Inseln / oder Sandbänke / auffahren. 57

Bei zusammengesetzten Wörtern oder Wortbausteinen können zwei oder drei gleiche Konsonanten (Mitlaute) zusammentreffen. Am besten zerlegst du diese Wörter im Geiste in ihre Bestandteile, damit du keinen Buchstaben vergisst.

auffallen verreisen Fahrrad Schifffahrt Betttuch

Setze Vorsilbe und Verben zusammen.
Schreibe die neuen Verben auf.

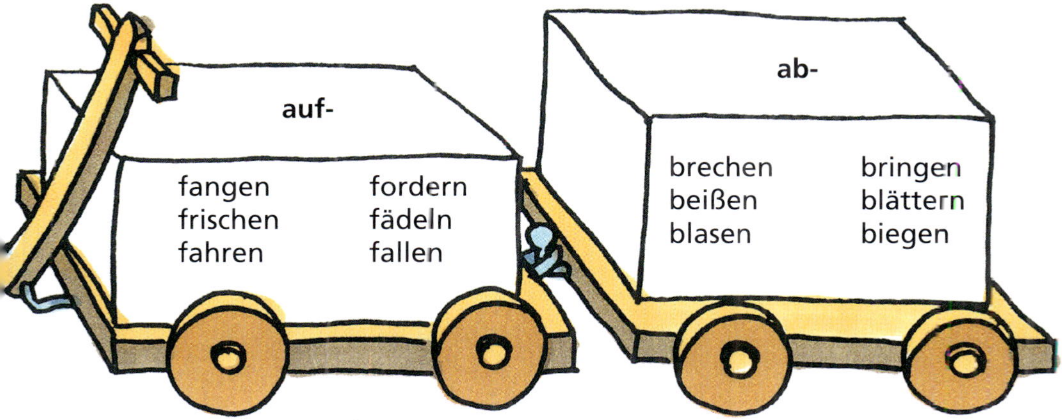

25 Im Schullandheim

Das Datum von heute

Wörter werden nach Sprechsilben getrennt

Schreibe diesen Text mit den möglichen Trennungen auf.

Im *Schullandheim*

Paul ist / mit seiner Klasse / im Schullandheim. / Schon am ersten Tag / hat er / lauter Unsinn gemacht: / Er hat im Zimmer / Fußball gespielt, / eine *Türklinke* abgebaut, / den Mülleimer versteckt, / den Koch geärgert / und von einem Baum / mit Birnen geworfen. / Nun soll er / zum Heimleiter kommen. / Der wird ihm sicher / eine *Standpauke* halten. / Mit hängendem Kopf / betritt Paul das Zimmer. 60

Einsilbige Wörter werden nicht getrennt (z. B. Eis, Tag, mit, und). Die anderen Wörter werden nach Sprechsilben getrennt.

Schul-land-heim Fuß-ball spie-len ba-cken

Bei Wörtern mit doppeltem Konsonanten (Mitlaut) wird nach dem ersten Konsonanten getrennt.

Kas-se Mat-te Zim-mer

Trage diese Wörter in die Spalten ein. Schreibe die Wörter mit zwei und mehr Silben mit Trennstrichen auf.

Aufgabe Hals Zeug Sonne Liter Gras Hausaufgaben
Loch Spielzeug hinterher Literflasche Halstuch

Wörter mit einer Silbe	**Wörter mit zwei Silben**	**Wörter mit drei und mehr Silben**

26 Lieber Simon!

Das Datum von heute

Sätze mit *dass*

Nach der letzten Flötenstunde hatte Simon seiner Lehrerin einen Brief in die Tasche gesteckt. Heute hat er eine Antwort bekommen.

Lieber Simon!

Leider habe ich dir / in der *letzten* Stunde gesagt, / dass du / mehr üben solltest. / Du meinst aber, / dass der *Notenständer* / für zwei Kinder / zu weit weg steht / und du darum / die Noten / nicht lesen kannst. / Ich glaube, / dass mit deinen Augen / *vielleicht* etwas / nicht stimmt. / Ein Augen-arzt / kann dir sagen, / ob du / kurzsichtig bist / und eine Brille brauchst. /

63

Deine Frau Braun

Wann musst du *dass* schreiben? Hierzu gibt es eine Faustregel:
Wenn du *dieses* oder *welches* einsetzen kannst, wird *das* geschrieben.
Wenn du diese beiden Wörter nicht einsetzen kannst, wird *dass* geschrieben.

Mir gefällt das (dieses) Buch, das (welches) du mir geliehen hast.
Ich hoffe, dass ich es noch etwas länger behalten kann.

Überlege, welche Aussage zu wem gehört.
Schreibe dann auf, wem was gefällt.

Mir gefällt am Frühling, dass ich jetzt leichter satt werde.

Mir gefällt am Frühling, dass ich von früh bis spät draußen arbeiten kann.

Mir gefällt am Frühling, dass ich wieder Eis essen darf.

Dem Vogel gefällt am Frühling, *dass er* ______

______

Dem Gärtner gefällt am Frühling, ______

______

Dem Mädchen gefällt am Frühling, ______

______

27 Im Geschäft

Das Datum von heute

______

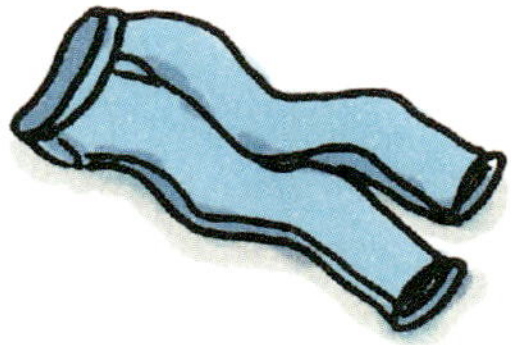

Satzschlusszeichen

Bei diesem Text sollen die Satzschlusszeichen nicht diktiert werden. Stattdessen wird nur das Satzende angegeben.

Im Geschäft

Max ist sehr gewachsen. / Keine Hose / passt mehr. / Sein Vater meint: / „Dann müssen wir wohl / eine neue Hose kaufen. / Ich weiß / ein gutes Geschäft.“ /
In der *Kabine* / zieht Max / eine Hose / nach der anderen an. / Langsam wird / sein Vater ungeduldig. / „Welche Hose passt? / Lass mal sehen!“ / Max antwortet: / „Diese passt gut. / Kann ich sie / gleich *anlassen*?“ /
Fröhlich verlassen beide / das Geschäft. / *Unterwegs* / ruft Max plötzlich: / „Ich habe / die alte Hose / im Geschäft vergessen!“ 75

Ein . am Satzende zeigt: Hier wird etwas *ausgesagt*.
Ein ! am Satzende zeigt: Hier wird etwas *ausgerufen* oder *gefordert*.
Ein ? am Satzende zeigt: Hier wird etwas *gefragt*.

„Kommst du morgen mit zum Schwimmen?“ (Frage)
„Ich weiß es noch nicht.“ (Aussage)
„Na, sag schon ja!“ (Forderung)
„Ich weiß es wirklich noch nicht!“ (Ausruf)

Setze die fehlenden Satzzeichen richtig ein. Überlege bei jedem Satz: Aussage, Ausruf oder Forderung, Frage?

Pit Punkt, Anton Ausruf und Frieda Frage wurden entführt Was steht jetzt am Ende der Sätze Genau, nichts Wie wird das den Leuten gefallen Sie werden wohl keine Bücher mehr kaufen Ohne die Zeichen können sie nämlich einen Text nur ganz schwer lesen Aber vielleicht können Pit, Anton und Frieda befreit werden Die Entführer fordern nämlich: Setzt in diesem Text die Zeichen an den Satzenden richtig ein Wird das in zehn Minuten gelingen Dann wollen sie die drei wieder freilassen

28 Pläne für den Urlaub

Das Datum von heute ____________

Wörtliche Rede: Der Begleitsatz steht vorne

Bei diesem Text sollen Beginn und Ende der wörtlichen Rede angegeben werden – nicht jedoch die zugehörigen Zeichen.

Pläne für den Urlaub

Lena fährt / mit ihren Eltern / in die Berge. / Sie schwärmt: / „Wir werden wandern, / baden oder einfach / im Gras liegen und / von schönen Dingen träumen.“ / Sabine ruft: / „Aber auf keinen Fall / länger als zehn Minuten / ohne Sonnenschutz!“ / Paul fügt hinzu: / „Das stand / erst gestern wieder / in der Morgenzeitung.“ / Da fragt Daniel: / „Ist Regenwetter / etwa gesünder?“ 58

Die wörtliche Rede, also was jemand sagt, wird beim Schreiben in Anführungszeichen gesetzt.

Lars sagt zu Peter: „Diese Aufgabe kann ich nicht."

Steht ein Begleitsatz vor der wörtlichen Rede, wird diese mit einem *Doppelpunkt* angekündigt. *Wichtig*: Die wörtliche Rede beginnt dann mit einem Großbuchstaben.

Begleitsatz	**wörtliche Rede**
Peter fragt ihn:	**„Soll ich dir helfen?"**
Lars antwortet:	**„Das ist eine tolle Idee!"**

Im folgenden Text fehlen Zeichen. Unterstreiche zuerst jeweils die Begleitsätze der wörtlichen Rede mit einer Farbe, dann die wörtliche Rede mit einer anderen. Setze nun die fehlenden Zeichen ein.

Paul und Pauline liegen morgens im Bett. Pauline fragt   Paul, wie spät ist es   Paul murmelt   Kurz nach sieben   Da fordert Pauline   Jetzt muss aber bald etwas passieren   Paul fragt   Wie meinst du das   Pauline ruft empört   Wenn wir jetzt nicht bald geweckt werden, kommen wir zu spät zur Schule

29 Naturschutz im Garten

Das Datum von heute

____

Wörtliche Rede: Der Begleitsatz steht hinten

Bei diesem Text sollen Beginn und Ende der wörtlichen Rede angegeben werden – nicht jedoch die zugehörigen Zeichen.

Naturschutz im Garten

Peter besucht Anna. / Sie füllt gerade Stroh / in Blumentöpfe / und verschließt sie / mit *Maschendraht*. / „Was machst du da?", / fragt Peter. / „Häuser für *Ohrenkneifer*", / antwortet Anna. / Sie weiß, / Ohrenkneifer fressen *Blattläuse*. / Wenn es im Garten / viele Ohrenkneifer gibt, / hat man keine Probleme / mit Blattläusen. /

„Sind die alle / für euren Garten?", / fragt Peter. / Lachend antwortet Anna: / „Nein, / ich will die Häuser / an unsere Nachbarn verkaufen." 66

Übrigens: Dass Ohrenkneifer Kinder in die Ohren kneifen, ist ein Ammenmärchen. Es ist noch kein einziger solcher Fall bekannt geworden. Mit ihren Zangen können diese Insekten die menschliche Haut nicht verletzen.

Steht der Begleitsatz nach der wörtlichen Rede, setzt man zwischen wörtliche Rede und Begleitsatz ein *Komma*. Nach dem Komma wird *klein* weitergeschrieben.

wörtliche Rede	**Begleitsatz**
„Soll ich dir helfen?“,	**fragt Peter.**
„Das wäre toll!“,	**ruft Lars.**

Du siehst: Zwischen den Anführungsstrichen steht der gesprochene Satz mit dem zugehörigen Satzschlusszeichen. Ausnahme: Der Punkt als Satzschlusszeichen fällt weg, wenn ein Begleitsatz folgt.

„Ich komme mit zu dir “, sagt Peter.

Der *Punkt* fällt hier weg!

Ergänze im folgenden Text die fehlende Zeichen.
Unterstreiche zuerst die wörtliche Rede.

Maus und Elefant gehen zusammen zum Schwimmbad. Der Elefant bleibt plötzlich stehen. Was hast du denn fragt die Maus. Verflixt noch mal, ich habe schon wieder meine Badehose vergessen ruft der Elefant. Du, ich habe zwei Badehosen dabei, ich leihe dir eine antwortet die Maus beruhigend.

Quellen der Diktattexte (D) und der Übungstexte (Ü):

Peter Kohrs: Besser in Deutsch. Die neue Rechtschreibung 4. Schuljahr. Berlin, Cornelsen Scriptor 1997: Ü 5 (S. 31), Ü 6 (S. 30), D 7 (S. 55, leicht verändert), Ü 9a (S. 34, verändert), Ü 9b (S. 35, verändert), D 15 (S. 67), Ü 19 (S. 61, leicht verändert), Ü 20 (S. 39), Ü 24 (S. 41), Ü 29 (S. 76, leicht verändert)

Peter Kohrs: Besser in Deutsch. Die neue Rechtschreibung 5. Schuljahr. Berlin, Cornelsen Scriptor 1997: Ü 3 (S. 47, verändert), Ü 15 (S. 63)

Heinz-Lothar Borringo u. a.: Rechtschreibkurs mit Gripsi 4. Berlin, Cornelsen 1996: D 1 (S. 40, verändert), Ü 1 (S. 39, leicht verändert), Ü 2 (S. 44), D 6 (S. 42, verändert), D 9 (S. 57, verändert), D 17 (S. 22, verändert), D 18 (S. 37, verändert), D 19 (S. 30, verändert), Ü 21 (S. 21, verändert), D 22 (S. 51, verändert), D 23 (S. 27), Ü 25 (S. 46), Ü 27 (S. 48, verändert), D 28 (S. 53, verändert)

Manfred Pollert, Gerhard Sennlaub: Richtig schreiben mit der Lupe 4 im Deutsch- und Sachunterricht. Berlin, Cornelsen 1996: D 2 (S. 6, verändert), D 10 (S. 52, leicht verändert), Ü 10 (S. 48, verändert)

Helga Kleingast u. a.: Der neue Sprachschatz 4. Berlin, Cornelsen 1996: D 3 (S. 46, verändert), D 13 (S. 41, verändert), D 25 (S. 37, verändert), D 26 (S. 38, leicht verändert), Ü 26 (S. 65, verändert), Ü 28 (S. 75, leicht verändert), D 29 (S. 68, verändert)

Karin Engewald u. a.: Jo-Jo Sprachbuch 4. Ausgabe B. Berlin, Cornelsen 1996: D 8 (S. 98), D 14 (S. 101, verändert), D 16 (S. 102, verändert), Ü 16 (S. 102), D 20 (S. 15, verändert), D 21 (S. 67, verändert), D (S. 99, verändert)

Lernen an Stationen in der Grundschule. Petra Böttiger, Harald Baumbusch: Diktate vorbereiten, 2.–4. Schuljahr. Berlin, Cornelsen Scriptor 1998: D 4 (S. 8, verändert)

Alle weiteren Texte und Übungen von Maria Bley